AF312776

CATALOGUE

DE

LIVRES DE PHILOSOPHIE

DE LITTÉRATURE ET D'HISTOIRE

COMPOSANT LA

BIBLIOTHÈQUE DE FEU M. A. MOREL

PROFESSEUR DE PHILOSOPHIE, ANCIEN CHEF D'INSTITUTION

———

La vente aura lieu le lundi 5 octobre 1874 et les 2 jours suivants
à 7 heures et demie du soir

Rue des Bons-Enfants, 28 (maison Silvestre)

Par le ministère de Me DELBERGUE-CORMONT, commissaire-priseur
Rue de Provence, 8

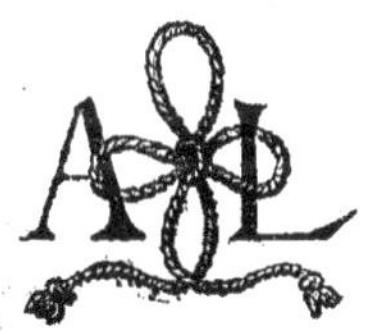

PARIS

ADOLPHE LABITTE

LIBRAIRE DE LA BIBLIOTHÈQUE NATIONALE
4, rue de Lille, 4

—

1874

Né à Étampes (Seine-et-Oise), le 9 septembre 1820, M. Auguste Morel, dont l'intéressante bibliothèque sera mise en vente les 5, 6 et 7 octobre prochain, fut destiné dès son enance au professorat ; et, jusqu'au dernier jour d'une vie qu'il a consacrée en grande partie à l'éducation de la jeunesse, il a tenu le rang le plus honorable dans le monde universitaire. D'autres ont raconté ce que fut M. Morel comme citoyen et publiciste : nous n'avons ici à signaler de ce caractère droit et ferme que son amour des lettres, son érudition profonde et variée, son coup d'œil vif et pénétrant, son goût irréprochable, son esprit à la fois méthodique et oseur, qualités variées qui se révèlent dans le choix de ses livres.

Homme de recherches patientes, M. Morel avait composé peu à peu sa bibliothèque ; l'écrivain, le philosophe studieux s'y montre tout entier ; ses livres étaient pour lui surtout des instruments de travail : c'est dire qu'on y trouve assez peu de ces curiosités dont la valeur tient souvent au caprice de la mode ou aux fantaisies des amateurs. Nous devons toutefois signaler, même à ce titre, des ouvrages très-différents. *Les Œuvres poétiques du Père Lemoyne*, 1672, in-folio, avec gravures (n° 48) ; *les Œuvres badines du comte de Caylus* (n° 129) ; *la Paysanne pervertie*, de Rétif de la Bretonne (n° 130) ; et enfin cinquante-deux volumes de la Bibliothèque elzévirienne, dont quelques-uns sont épuisés.

La littérature actuelle figure aussi dans ce catalogue pour une large part, et un grand nombre d'ouvrages illustrés, livres d'épreuves pour la plupart, forment la partie amusante de cette bibliothèque variée.

N'oublions pas les excellentes éditions des poésies et romans du moyen âge (nᵒˢ 104 à 107) ; les traductions de Shakespeare, par F.-V. Hugo ; — de Schiller, par Ad. Regnier ; — de Gœthe, par Porchat.

Mais les livres graves dominants, ce sont, en histoire, les œuvres de César Cantu, de Grote, de Gervinus, de Motley, de Prescott, de Bancroft, dont l'intérêt n'est pas seulement d'avoir été écrites à un point de vue différent du nôtre.

Pour l'histoire de la philosophie, outre les monuments originaux (le Descartes *latin* de 1667), cinq volumes in-folio, nous citerons : Kant, Hegel, Condorcet, édition François Arago, etc.; les travaux de critique historique et philosophique de MM. Renan, **Littré**, Strauss, Creutzer, Gioberti, Bouillier, Hauréau, **J. Simon**, Barni, Michel Nicolas, etc., — et enfin pour l'histoire littéraire, Ottfried Müller, Schœll, Egger, Sainte-Beuve, Ampère. Cette partie comprend quelques ouvrages ou éditions devenus assez rares : la correspondance de Grimm, édition de 1829 (nᵒ 229) ; les 36 volumes des *Mémoires secrets*, de Bachaumont (nᵒ 228); les 15 volumes de l'*Histoire du Théâtre français*, des frères Parfait ; les *Anecdotes dramatiques ;* l'*Histoire de l'Opéra-Comique*, par Desboulmiers.

Terminons en signalant, parmi plusieurs productions d'A. Morel, l'*Histoire de la sagesse et du goût, depuis les anciens temps jusqu'à Socrate.* « La sagesse et le goût, éléments que l'auteur ne séparait pas et qui auraient pu lui servir de devise, » comme l'a dit M. Barni, un de ses panégyristes.

Dans les **2,000** volumes non catalogués on trouvera encore des œuvres recommandables. Tous ces livres enfin, dont *la substantificque moelle avait nourri* M. Morel, nous semblent intéressants pour les bibliophiles comme pour ses nombreux élèves dont il a fait des hommes, et pour ses amis.

CATALOGUE

DES

LIVRES DE PHILOSOPHIE

DE

LITTÉRATURE ET D'HISTOIRE

COMPOSANT LA

BIBLIOTHÈQUE DE FEU M. A. MOREL
PROFESSEUR DE PHILOSOPHIE, ANCIEN CHEF D'INSTITUTION

THÉOLOGIE.

1. Encyclopédie théologique, publiée par l'abbé Migne. 1817, 20 vol. gr. in-8, br.

2. Strauss. Vie de Jésus, tr. de l'all. par Littré. *Paris, Ladrange*, 1856, 2 vol. in-8, br. — Nouvelle Vie de Jésus. *Lacroix, s. d.*, 2 vol. in-8, br.

3. Ern. Renan, la Vie de Jésus.— Saint Paul.— les Apôtres.— Livre de Job.— Cantique des cantiques. 6 vol. in-8, brochés.

4. Michel Nicolas. Le Symbole des Apôtres.— Doctrines religieuses des Juifs.— Études sur les évangiles apocryphes.— Études critiques sur la Bible. 4 vol. in-8, br.

5. Pensées de Pascal, avec des notes par Ern. Havet. *Paris, Delagrave*, 1866, 2 vol. in-8, br. et table.

6. Dictionnaire des cas de conscience. *Paris*, *Migne*, 1858, 2 vol. gr. in-8, br.

7. Histoire du Christianisme, par de Potter. *Paris*, 1836, 8 vol. in-8, brochés.

8. Port Royal, par Sainte-Beuve. *Paris*, *Hachette*, 1867, 6 vol. in-12, brochés.

9. Histoire ecclésiastique du diocèse de Cambrai, par Le Glay. *Lille*, 1849, in-4, demi-rel.

10. D'Haussonville. L'Église romaine et le Premier Empire. *Paris, Michel Lévy*, 1868, 5 vol. in-8, br.

11. Creuzer. Religions de l'antiquité, trad. par Guigniaut. *Paris*, *Treuttel* et *Wurtz*, 1825, 6 vol. in-8, rel.

Tomes I, II, III, première partie et planches 1 à 51 seulement.

12. Maury. Histoire des religions de la Grèce antique. *Paris*, *Ladrange*, 1857, 3 vol. in-8, br.

13. Les Livres sacrés de l'Orient, publ. par Pauthier. *Paris*, *Desrez*, 1840, gr. in-8, br.

JURISPRUDENCE.

14. Philosophie du droit, ou Cours d'introduction à la science du droit, par Belime. *Paris*, *Durand*, 1869, 2 vol. in-8, br.

15. Corpus Juris civilis, cur. Herrmann. *Lipsiæ*, 1858, 3 vol. in-8, brochés.

16. H. Wheaton. Histoire des progrès du droit des gens, en Europe et en Amérique. *Leipzig*, 1853.— Éléments du droit international. *Leipzig*, 1858, 4 vol. in-8, brochés.

17. Les Coutumes de Beauvoisis, par Ph. de Beaumanoir, éd. publ. par Beugnot. *Paris, J. Renouard,* 1842. 2 vol. in-8, br.

18. Recueil des traitez de paix. *Amst.,* 1700, 4 vol. in-fol., rel.

19. Les Codes français, publ. par Tripier. *Paris,* 1864, gr. in-4, br. (*Texte encadré.*)

20. Choix de rapports, opinions et discours, prononcés à la tribune nationale. *Paris,* 1818, 22 vol. et table in-8, cart.

21. Manuel du droit civil par Accolas. *Paris, Ern. Thorin,* 1869, 3 vol. in-8, br.

22. Dalloz. Dictionnaire général et raisonné de législation, de doctrine et de jurisprudence (1790-1835). *Paris.* 1844, 6 tom. en 12 vol. in-4, demi-rel.

23. Règles de la profession d'avocat, par Mollot. *Paris, Durand,* 1865, 2 vol. in-8, br.

SCIENCES ET ARTS.

---

24. Bouillet. Dictionnaire universel des sciences, des lettres et des arts. *Paris, Hachette,* 1854, gr. in-8, cart.

25. De la Logique d'Aristote, par Barthélemy Saint-Hilaire. *Paris, Ladrange,* 1838, 2 vol. in-8, brochés.

26. Physique d'Aristote, trad. en fr. par Barthélemy Saint-Hilaire. *Paris, Durand,* 1862, 2 vol. gr. in-8, br.

27. OEuvres de Platon, trad. en français. *Paris,* 1845, 2 vol. gr. in-8, demi-rel., mar.

28. Les Ennéades de Plotin, trad. par Bouillet. *Paris, Hachette,* 1857, 3 vol. in-8, brochés.

29. Histoire de l'École d'Alexandrie, par Jules Simon. *Paris, Joubert,* 1845, 2 vol. in-8, br.

30. Vacherot. Histoire de l'École d'Alexandrie. *Paris, Ladrange,* 1846, 3 vol. in-8, br.

31. Hauréau. De la Philosophie scolastique. *Paris, Pagnerre,* 1850, 2 vol. in-8, br.

32. La Philosophie scolastique, exposée et défendue par le R. P. Kleutgen, trad. par le R. P. Sierp. *Paris, Gaume,* 1858, 4 vol. in-8, br.

33. Histoire de la sagesse et du goût, depuis les anciens temps jusqu'à Socrate, par M. A. Morel. *Paris,* 1864, in-8, demi-rel. n. rogn.

34. Les Moralistes orientaux. — L'Esprit des Grecs. — Les Moralistes latins. — L'Esprit des Allemands. *Paris, Hetzel,* 4 vol. in-12, brochés.

35. Ch. Jourdain. La Philosophie de saint Thomas d'Aquin. *Paris, Hachette,* 1858, 2 vol. in-8, br.

36. Histoire de la philosophie cartésienne, par Francisque Bouillier. *Paris, Durand,* 1854, 2 vol. in-8, br.

37. OEuvres de Descartes (en latin). *Paris,* 1667, 5 vol. in-4, v. br.

38. Histoire de la philosophie moderne, par Ritter, trad. fr. par Challemel-Lacour. *Paris, Ladrange,* 1861, 2 vol. in-8, br.

39. Histoire des révolutions de la philosophie en France, par le duc de Caraman. *Paris, Ladrange,* 1845, 3 vol. in-8, br.

40. Wilm. Histoire de la philosophie allemande, depuis Kant jusqu'à Hegel. *Paris, Ladrange,* 1846, 4 vol. in-8, br.

— 5 —

41. Ritter. Histoire de la philosophie, trad. de l'all. par Tissot. *Paris, Ladrange,* 1835, 4 vol. in-8, br.— Histoire de la philosophie chrétienne. 1843, 2 vol. in-8, br.

42. Gioberti. Introduction à l'étude de la philosophie, trad. de l'italien par Alary. *Moulins,* 1845, 4 vol. in-8, br.

43. Damiron. Mémoires pour servir à l'histoire de la philosophie au XVIIIᵉ siècle. *Paris, Ladrange,* 1858, 3 vol. in-8, br.

44. Les Essais de Montaigne. *Paris, Abel Langelier,* 1600, gr. in-8, vél.

45. La Bruyère. *Paris, Hachette,* 1865, 2 vol. in-8, brochés.

46. OEuvres de Vauvenargues, avec notes par Gilbert. *Paris, Furne,* 1857, 2 vol. in-8, br.

47. OEuvres de Fournier. *Paris,* 1846, 6 vol. in-8, brochés.

48. Cousin. Fragments philosophiques et fragments littéraires. *Paris,* 1838-45, 5 t. en 3 vol. in-8, rel. et br.

49. Ch. de Rémusat. Essais de philosophie. *Paris,* 1842, 2 vol. in-8, br.

50. La Liberté de penser. *Paris, Joubert,* 1848, 8 vol. in-8, br.

51. Pensées, essais et correspondance de Joubert. *Paris,* 1850, 2 tomes en 1 vol. in-8, demi-rel. n. rog.

52. Théologie de la nature, par Strauss-Durckheim. *Paris,* 1852, 3 vol. in-8, brochés.

53. Études d'histoire religieuse, par Ern. Renan. *Paris, Mich. Lévy,* 1857, in-8. — Essais de morale et de critique. *Paris, Mich. Lévy,* 1859, 2 vol. in-8, br.

54. Jules Simon. La Liberté. *Paris, Hachette*, 1859, 2 vol. in-8, brochés.

55. La Femme au xviiie siècle, par MM. de Goncourt. *Paris, Didot*, 1862. — La Femme pauvre au xixe siècle, par Daubié. *Paris, Guillaumin*, 1866, in-8, br.

56. Lambert (Ch.). Le Système du monde moral, 1862. — Lauvergne. De l'Agonie et de la mort dans toutes les classes de la société. *Paris, Baillière*, 1842, 2 vol. Ensemble 3 vol. in-8, brochés.

57. Lelut. Physiologie de la pensée. *Paris, Didier*, 1862, 2 vol. in-8, br.

58. La Science de l'esprit, principes généraux de philosophie pure et appliquée, par Huet. *Paris, Chamerot*, 1864, 2 vol. in-8, br.

59. Tiberghien. OEuvres philosophiques. *Bruxelles*, 1862-1868, 6 vol. in-8, br.

60. Littré et la Philosophie positive. *Paris, Hachette*, 1863, in-8, br. — Eug. Pelletan. Profession de foi du xixe siècle. *Paris, Pagnerre*, 1854. Les Droits de l'homme. — Pinel. Essai de philosophie positive, 1857, in-8, br.

61. Ch. Lambert. L'Immortalité selon le Christ. *Paris, Mich. Lévy*, 1865. — Boutteville. La Morale de l'Eglise et la Morale naturelle. *Paris, Mich. Lévy*, 1866. — Naville. Le Père céleste, 1865. — Feuerbach. Essence du christianisme, 1864, in-8, br. — Ensemble 4 vol. in-8, br.

62. Franck. Philosophie et religion, 1867. — Réformateurs et publicistes de l'Europe, 1864. — De la Certitude, 1847. 3 vol. in-8, brochés.

63. Darwin. La Descendance de l'homme. — Origine des espèces. — Wallace. La Sélection naturelle. *Paris, Reinwald*, 1872, 4 vol. in-8, cart.

64. Kant. Philosophie transcendantale, par Schon, 1831. — Cousin. Leçons sur la philosophie de

Kant, 1844. — Barni. Examen de la Critique de
la raison pure. *Paris*, 1851. 3 vol. in-8, br.

65. Kant. Éléments métaphysiques de la doctrine
du droit et de la vertu, trad. par J. Barni. *Paris,
Durand*, 1854-55, 2 vol. in-8, br.

66. Kant. Critique de la raison pure, trad. de l'all.
par Jules Barni. *Paris, G. Baillière*, 1869, 2 vol.
in-8, br.

67. Hegel. Cours d'esthétique, trad. par Bénard.
Paris, Aimé André, 1840, 5 vol. in-8, dr. n.
rog.

68. Philosophie de l'Histoire de l'humanité, par
Herder. *Paris, Didot*, 1861, 3 vol. in-8, brochés.

69. Lord Macaulay. Essais politiques et philosophiques, trad. par M. Guill. Guizot. *Paris, Mich.
Lévy*, 1863, 2 vol. in-8, br.

---

70. Les Sciences usuelles et leurs applications, par
le cap. de frégate Du Temple. *Paris, Hetzel, s. d.*,
gr. in-8, fig. br. — L'Arithmétique du grand-
papa, par Jean Macé. *Hetzel, s. d.*, gr. in-8, br.
fig.

71. La Terre, par Élisée Reclus. *Paris, Hachette*,
1868, gr. in-8, br.

72. Le Ciel, par Amédée Guillemin. *Paris, Hachette*, 1865, gr. in-8, br. *Figures.*

73. Histoire du Ciel, par Camille Flammarion. *Paris, Hetzel*, 1872, gr. in-8, br.

74. Tissot. Anthropologie spéculative. — L'Imagina-
tion. — Essai de logique objective, 1842-1868,
4 vol. in-8, br.

75. De la Physiognomonie, par Delestre. *Paris,
J. Renouard*, 1866, gr. in-8, demi-rel. fig.

76. La Vie souterraine, les mines et les mineurs, par Simonin. *Paris, Hachette*, 1867, gr. in-8, br. fig.

77. Histoire des poteries, faïences et porcelaines, par Marryat, trad. de l'anglais. *Paris, Renouard*, 1866, 2 vol. gr. in-8, br. fig.

78. Botanique de ma Fille, par J. Néraud. *Paris, Hetzel, s. d.*, in-8, br. fig. — J. Macé. Histoire d'une bouchée de pain. *Paris, Hetzel, s. d.*, gr. in-8, br. fig.

79. La Vie des fleurs, par Eug. Noël. *Paris, Hetzel, s. d.*, gr. in-8, br. fig. — Histoire des Plantes, par Louis Figuier. *Paris, Hachette*, 1865, gr. in-8, br. fig.

80. Midy. Botanique illustrée de la jeunesse, *s. d.*, gr. in-8, br. figures. — Fabre. Histoire de la bûche. *Paris, Garnier, s. d.*, gr. in-8, br.

81. Les Insectes, par Figuier. *Paris, Hachette*, 1867, gr. in-8, br. fig.

82. A. Toussenel. L'Esprit des bêtes. *Paris, Hetzel, s. d.*, gr. in-8, cart. fig.

83. Vitet. Études sur l'Histoire de l'art. *Paris, Michel Lévy*, 1864, 4 vol. in-8, br.

84. Tableau historique des beaux-arts, par Ménard, in-8. — Praxitèle, par Em. Gebhart, 1864. — De la Sculpture antique et moderne, par Ménard. Ensemble 3 vol. in-8, brochés.

85. Histoire de M. Crépin, par Toppfer. — Histoire de M. Jabot. *Paris, Garnier*, 2 vol. in-8 obl. br.

86. Histoire et Traité des sciences occultes, par le comte de Résie. *Paris, Louis Vivès*, 1857, 2 vol, in-8, br.

87. Dictionnaire des sciences occultes, des mystères et des superstitions. *Paris, Migne*, 1861, 4 vol. gr. in-8, br.

88. Maury. La Magie et l'Astrologie dans l'antiquité et au moyen âge. *Paris, Didier,* 1860, in-8, br. — Essai sur les légendes pieuses du moyen âge. *Paris, Ladrange,* 1843, in-8, br.

89. Bizouard. Des Rapports de l'homme avec le démon. *Paris, Gaumé,* 1864, 6 vol. in-8, br.

BELLES-LETTRES.

90. Ern. Renan. De l'Origine du langage. — Max Müller. La Science du langage, 2 vol. — Burgraff. Principes de grammaire générale. *Liége,* 1863, 4 vol. in-8, brochés.

91. Lexicon manuale ad scriptores mediæ et infimæ latinitatis. *Parisiis, Migne,* 1858, gr. in-4, broché.

92. Grammaire comparée des langues indo-européennes, par Bopp, trad. par Bréal. *Paris,* 1866, 4 vol. gr. in-8, br.

93. Littré. Dictionnaire de la langue française. *Paris, Hachette,* 1863-1872, 4 vol. gr. in-4, rel.

94. Des Variations du langage français depuis le XIIᵉ siècle, par Génin. *Paris, Didot,* 1845. In-8, br. — Histoire des révolutions du langage en France, par Francis Wey. *Paris, Didot,* 1848, in-8, br.

95. Dictionnaire des Synonymes de la langue française, par Lafaye. *Paris, Hachette,* 1858, gr. in-8, br.

96. Études de philologie comparée sur l'argot, publ. par Francisque Michel. *Paris, Didot,* 1856, gr. in-8, br.

---

97. Lycée, ou Cours de littérature, par la Harpe. *Paris, Didier,* 1834, 2 vol. gr. in-8, demi-rel.

98. OEuvres complètes d'Isocrate, trad. nouv. avec texte en regard, par le duc de Clermont-Tonnerre. *Paris, Didot,* 1862, 3 vol. gr. in-8, br.

99. Egger. Latini sermonis Reliquiæ, 1848. — Apollonius Dyscole. — Examen critique des historiens anciens du règne d'Auguste, 1844. — Sur les Traités publics, 1860, 4 vol. in-8, br.

---

100. Egger. Essai sur l'Histoire de la critique chez les Grecs, suivi de la Poétique d'Aristote trad. en français. *Paris, Durand,* 1849. In-8, br.

101. Dictionnaire complet d'Homère et des Homérides, par Theil. *Paris, Hachette,* 1841, in-8, demi-rel. n. rog.

102. Virgilii Maronis Opera, éd. Forbiger. *Lepsiæ,* 1852, 3 vol. in-8, br.

103. Horatius. Recensuit Orelli, ed. tertia, edidit Baiter. *Turici,* 1850, 2 vol. in-8 demi-rel. mar. tr. sup. dorée.

104. Poésies de Marie de France, publ. par de Roquefort, *Paris,* 1832, 2 vol. in-8, demi-rel.

105. Li Romans d'Alixandre, publié par H. Michelant. *Stuttgart,* 1846, in-8, demi-rel.

106. Le Roman du Renart, publ. par Méon, avec le Suppl. par Chabaille. *Paris,* 1838, 5 vol. in-8, brochés.

107. Le Roman en vers de Girart de Rossillon, publié par Mignard. *Paris,* 1858, gr. in-8, br.

108. OEuvres poétiques du P. Le Moyne. *Paris, Jolly*, 1672, in-fol., portraits et grandes gravures.

109. Fables de la Fontaine, avec les dessins de Gustave Doré. *Paris, Hachette*, 1868, gr. in-4, cartonné.

110. La Comédie enfantine, par Louis Ratisbonne. *Paris, Hetzel, s. d.*, gr. in-8, br. fig. — Dernières Scènes de la Comédie enfantine. *Paris, Heizel, s. d.*, gr. in-8, br. fig.

111. Les Enfants, par V. Hugo, dessins de Froment. *Paris, Hetzel, s. d.*, gr. in-8, br.

112. Arioste. Roland furieux, trad. nouv. par Philippon de la Madelaine. *Paris, Didier, s. d.*, in-8, br. *figures*.

---

113. Saint-Marc Girardin. Cours de littérature dramatique. *Paris, Charpentier*, 1863-65, 4 vol. in-12, br.

114. Histoire du Théâtre français, par les frères Parfaict. *Paris*, 1745, 15 vol. in-12, v.

115. Histoire du théâtre de l'Opéra-Comique. *Paris, Lacombe*, 1769, 2 vol. in-12, demi-rel. n. rogn. — Anecdotes dramatiques. *Paris, Lacombe*, 1775, 3 vol. in-12, cart. n. rogn.

116. OEuvres de P. Corneille, publ. par M. Ad. Regnier. *Paris, Hachette*, 1862, 12 vol. gr. in-8, brochés.

117. OEuvres de J. Racine, publ. par M. Regnier. *Paris, Hachette*, 6 vol. gr. in-8, br.

118. OEuvres de Molière, notice par Sainte-Beuve. *Paris, Hetzel, s. d.*, gr. in-8, br. 630 *dessins par Tony Johannot*.

119. OEuvres complètes de Regnard. *Paris, Ad. Delahaye*, 1860, 2 vol. gr. in-8, br.

120. OEuvres complètes de Marivaux. *Paris, Dau-thereau*, 1827, 9 vol. in-8, br.

121. Alexandre Dumas (père et fils). Théâtre complet. *Paris, Lévy*, 1864-70, 18 vol. in-12, br.

122. OEuvres complètes de Shakespeare, trad. par Fr.-Vict. Hugo. *Paris, Pagnerre*, 17 vol. in-8, brochés.

123. OEuvres de Schiller, trad. par Ad. Regnier. *Paris, Hachette*, 1859, 8 vol. in-8, br.

124. Les Romans grecs, trad. en français par Zevort. *Paris, Charpentier*, 1855, 2 vol. in-12. — Histoire du roman, par Chassang. *Didier*, in-12, br. — Chauvin. Les Romanciers grecs et latins, 1862, in-12, br.

125. Les Vieux Conteurs français. Les Mille et une Nuits, trad. par Galland. *Paris, Desrez*, 1841, 3 vol. gr. in-8, br.

126. Les Contes des Fées, de Ch. Perrault. *Lyon, Perrin*, 1865, in-8, br. fig.

127. Contes de Perrault, dessins de Gust. Doré. *Paris, Hetzel*, 1867, gr. in-4, cart.

128. Collection complète des œuvres de Crébillon fils. *Londres*, 1778, 14 t. en 7 vol. in-12, br.

129. OEuvres badines du comte de Caylus. *Amst.*, 1787, 12 vol. in-8, demi-rel., figures de Marillier.

130. Rétif de la Bretonne. La Paysanne pervertie. *La Haye*, 1784, 8 part. en 4 vol. in-12, brochés, *figures*.

Exemplaire non rogné. Deux planches ont été coloriées, et un titre est légèrement déchiré.

131. Roland, ou la Chevalerie, par Delécluze. *Paris*, 1842, 2 t. en 1 vol. in-8, demi-rel.

132. Victor Hugo. Les Misérables. *Paris, Hetzel,* 1865, gr. in-8, cart., fig. dans le texte.

133. Erckmann-Chatrian. Romans divers. *Paris, Hetzel,* 1865-72, 18 vol. in-12, br.

134. E. Plouvier. La Bûche de Noël, contes de famille, *s. d.,* gr. in-8, br. fig. — La Tasse de thé. *Hetzel,* gr. in-8, br. fig. — Perdus dans les glaces. *Paris, Hachette,* 1870, gr. in-8, br. fig.

135. Les Fées de la famille, par Lockroy. *Paris, Hetzel, s. d.,* gr. in-8, br. fig.

136. Aventures d'un petit Parisien, par Bréhat. *Paris, Hetzel, s. d.,* in-8, br. fig. — Les Bébés. — Nos Bons petits Enfants. *Paris, Hetzel, s. d.,* gr. in-8, br. Ensemble, 3 vol.

137. Jean Macé. Contes du Petit-Château. *Hetzel, s. d.,* gr. in-8, br. fig. — Récits enfantins, par Müller. *Hetzel, s. d.,* gr. in-8, br. fig.

138. OEuvres de G. Sand. *Paris, Hetzel,* 1852, 9 vol. gr. in-8, br. fig. de Tony Johannot.

139. J. Janin. Variétés littéraires. — Critiques, portraits et caractères contemporains. — La Fin d'un monde. — Contes non estampillés. — Le Chemin de traverse. *Paris, Lévy et Hetzel,* 1859, 6 vol. in-12, br.

140. Scènes de la vie privée des animaux. *Paris, Hetzel,* 1867, gr. in-8, cart. fig.

141. OEuvres complètes de Balzac. *Paris, Michel Lévy,* 1870-74, 24 vol. in-8, br.
Exemplaire complet.

---

142. Lettres de Mme de Sévigné, avec les notes de tous les commentateurs. *Paris, Didot,* 1853, 6 vol. in-12, br.

143. Correspondance secrète de Mme du Deffand, publiée par le marquis de Sainte-Aulaire. *Paris, Michel Lévy,* 1867, 3 vol. in-8, br.

144. Lettres de Mme Roland, publ. par Dauban, avec une étude sur Mme Roland. *Paris, Plon*, 1867, 4 vol. in-8, br.

145. Banquet des savants, par Athénée, trad. par Lefèvre de Villebrune. *Paris, Lamy*, 1789, 5 vol. in-4, demi-rel.

146. Les Colloques d'Érasme, nouv. trad. par Gueudeville. *Leyde, Van der Aa*, 1728, 6 t. en 3 vol. in-8, rel. fig.

147. SAINTE-BEUVE. OEuvres diverses. — Lundis, Nouveaux Lundis. — Portraits de femmes. — Portraits contemporains. *Paris, Lévy*, 1866-70. 39 vol. in-12, br.

148. E. Deschanel. Le Bien qu'on a dit des femmes. — Le Mal qu'on a dit des femmes. — Le Bien qu'on a dit de l'amour. — Le Mal qu'on a dit de l'amour, etc., etc. *Paris, Michel Lévy*, 1855-1859, 18 vol. in-18, br.

149. Le Cabinet de l'éloquence française. *Troyes*, *s. d.*, in-12, n. rogn. — Le Déjeuner de la Râpée, ou Discours des halles et des ports, in-12, br. — Les Facétieuses Rencontres de Verboquet. — L'Eloge de Quelque Chose, 1730, 4 vol. in-12, cart.

150. SCRIPTORUM GRÆCORUM BIBLIOTHECA. *Parisiis, Didot, 1853 et années suivantes*, 32 vol. gr. in-8, br.

151. Collection des auteurs latins, publiée sous la direction de M. Nisard. *Paris, Didot s. d.*, 23 vol. gr. in-8, br.

152. De la Bibliothèque latine de Lemaire, Lucrèce, Sénèque, Poetæ latini minores, etc. 29 vol. in-8, br.

153. Collection d'éditions savantes. *Paris*, *Ha-chette*, 1872, 7 vol. in-8, br.

154. BIBLIOTHÈQUE ELZÉVIRIENNE. *Paris*, *Jannet*, 1850-60, 54 vol. in-12, cart. non rognés.

155. Bibliothèque de poche. *Paris*, *Paulin* et *Le Chevalier*, 1855, 9 vol. in-18, br.

156. OEuvres de Brantome, publ. par Buchon. 1855, 2 vol. gr. in-8, br.

157. OEuvres complètes de Voltaire. *Paris, Delangle*, 1828, 95 vol. in-8, br.
Papier vélin.

158. OEuvres de Denis Diderot. *Paris, Belin*, 1818, 8 vol. in-8, demi-rel.

159. OEuvres de Condorcet, publ. par Fr. Arago et Condorcet O'Connor. *Paris, Didot*, 1847, 12 vol. in-8, br.

160. OEuvres complètes de P.-L. Courier, avec notice par Armand Carrel. *Bruxelles*, 1836, 4 vol. in-8, br.

161. Alfred de Musset. Comédies, contes et nouvelles. *Paris*, *Charpentier*, 1859, 4 vol. in-12, brochés.

162. Lamennais. OEuvres diverses. *Paris, Pagnerre*, 1840, 11 vol. in-8, br.

163. Goëthe. Ses Mémoires et sa vie, par H. Richelot. *Paris, Hetzel*, 1863, 4 vol. in-8, br.

164. OEuvres de Goëthe, trad. nouv. par Jacques Porchat. *Paris, Hachette*, 1861, 10 vol. in-8, br.

HISTOIRE.

165. Atlas universel par Dufour. *Paris, Michel Chevalier, s. d.,* gr. in-fol., demi-rel.

166. Bouillet. Dictionnaire d'histoire et de géographie. *Paris, Hachette,* 1864, gr. in-8, cart.

167. Bouillet. Atlas univsrsel d'histoire et de géographie. *Paris, Hachette,* 1865, gr. in-8, cart.

168. Voyage en Italie, par H. Taine. *Paris, Hachette,* 1866, 2 vol. in-8, br.

169. Palgrave. Une Année de voyages dans l'Arabie centrale, trad. de l'anglais par Jouveaux. *Paris, Hachette,* 1866, 2 vol. in-8, br.

170. Voyage d'un faux derviche dans l'Asie centrale, par Vamberg, trad. de l'angl. par Forgues. *Paris, Hachette,* 1865, gr. in-8, br. fig.

171. Les Sources du Nil, journal de voyage du capitaine Speke, trad. de l'anglais par Forgues. *Paris, Hachette,* 1864, gr.in-8, br.

172. Paul Marcoy. Voyage à travers l'Amérique du sud, de l'Océan Pacifique à l'Atlantique. *Paris, Hachette,* 1869, 2 vol. in-fol. br. fig.

173. Voyage de l'Atlantique au Pacifique, à travers le Canada, par le docteur Cheadle, trad. de l'anglais. *Paris, Hachette,* 1866, gr. in-8, br. fig.

174. La Guyane française, notes et souvenirs d'un voyage par Fr. Bouyer. *Paris, Hachette,* 1867, in-fol. br. fig.

175. Dictionnaire critique de biographie et d'histoire, par Jal. *Paris, Plon,* 1867, gr. in-8, br.

176. Histoire universelle, par César Cantu, trad. par Eugène Aroux. *Paris, Didot*, 1844, 19 vol. in-8, demi-rel. n. rogn.

177. Études sur l'histoire de l'humanité par F. Laurent. *Bruxelles*, 1861, 16 vol. in-8, br.

178. Grote. Histoire de la Grèce, trad. de l'anglais par Sadous. *Paris, Lacroix*, 1864, 19 vol. in-8, brochés.

179. La Cité antique, par Fustel de Coulanges. *Paris, Durand,* 1864, in-8, br.

180. Histoire romaine de Dion Cassius, trad. par Boissée. *Paris, Didot*, 1867, t. 6 à 9; 4 v. in-8, br.

181. Ampère. L'Histoire romaine à Rome.— L'Empire romain à Rome. *Paris, Michel Lévy*, 1866-1867, 6 vol. in-8, br.

182. Sabine, ou Matinée d'une dame romaine à sa toilette, trad. de Boettiger. *Paris*, 1813, in-8, demi-rel. fig. (*Rare.*)

183. Friedländer. Mœurs romaines du règne d'Auguste, trad. par Ch. Vogel. *Paris, Reinwald,* 1867, 4 vol. in-8, br.

184. Egger. Mémoires d'histoire ancienne et de philologie. *Paris, Durand,* 1863, 2 vol. in-8, brochés.

---

185. Schoell. Cours d'histoire moderne. *Berlin*, 1830, 29 vol. in-8, br.

186. Gervinus. Histoire du XIXe siècle, trad. de l'all. par Minssen. *Paris, Lacroix*, 1864, 16 vol. in-8, br.
Le tome IX manque.

187. Annuaire historique de Lesur. *Paris*, 1818 à 1849, 32 vol. in-8, br.

188. Annuaire des Deux-Mondes. *Paris*, 1850-1865, 13 vol. in-8 br.

189. Dictionnaire historique de la France, par Ludovic Lalanne. *Paris, Hachette,* 1872, gr. in-8, cartonné.

190. Dictionnaire des communes de la France, par Joanne. *Paris, Hachette,* 1864, gr. in-8, cart.

191. Michelet. Histoire de France. *Paris, Hachette,* 1833 *et années suivantes,* 12 vol. in-8, br.

192. Mémoires et anecdotes des reines et régentes d., France, par Dreux du Radier. *Paris,* 1808, ʳ vol. in-8, demi-rel.

193. Histoire des classes ouvrières de France, par Levasseur. *Paris, Hachette,* 1867, 2 vol. in-8, brochés.

194. Histoire des paysans, par Bonnemère. *Paris, Chamerot,* 1856, 2 vol. in-8, brochés.— Nadaud. Histoire des classes laborieuses en Angleterre, 1872.— Du Cellier. Histoire des classes laborieuses en France. Ensemble 4 vol. in-8, br.

195. Mémoires de Commines, édition publ. par Godefroy. *Bruxelles, Foppens,* 1723, 2 vol. pet. in-8, v. *portraits.*

196. Satyre Menippée, de la vertu du Catholicon d'Espagne. *Ratisbonne, Mathias Kerner,* 1726, 3 vol. pet. in-8, v. br.

197. Henri de Valois, par le marquis de Noailles. *Paris, Michel Lévy,* 1867, 3 vol. in-8, br.

198. Perrens. L'Église et l'État, en France, sous le règne de Henri IV et la régence de Marie de Médicis. *Paris, Durand,* 1873, 2 vol. in-8, br.

199. Mémoires du cardinal de Retz. *Paris, Hachette,* 1872, 2 vol. in-8, br.

200. Les Français sous Louis XIV et Louis XV, ou le Bon Temps d'autrefois. *Paris, Challamel, s.d.,* gr. in-8, br. fig. de Tony Johannot.

201. Les Historiettes de Tallemant des Réaux. *Paris, Delloye*, 1840, 10 vol. in-12, brochés.

202. Chronique de la Régence et du règne de Louis XV, ou Journal de Barbier. *Paris, Charpentier*, 1857, 8 vol. in-12, brochés.

203. Mémoires de madame d'Épinay, publ. par Paul Boiteau. *Paris, Charpentier*, 1863, 2 vol. in-8, br.

204. Correspondance secrète, inédite, sur Louis XVI, Marie-Antoinette, la cour et la ville, publ. par de Lescure. *Paris, Plon*, 1866, 2 vol. in-8, br.

205. Histoire de la Révolution française, par Michelet. *Paris, Chamerot*, 1847-53. 7 vol. in-8, brochés.

206. Histoire-musée de la république française, par Aug. Challamel. *Paris,* 1858, 2 vol. gr. in-8, figures, demi-rel.

207. Archives de la Bastille, documents inédits publ. par F. Ravaisson. *Paris, Durand*, 1868, 3 vol. in-8, br.

208. Histoire de la ville et du diocèse de Paris, par l'abbé Lebeuf, publ. par H. Cocheris. *Paris, Aug. Durand*, 1863, 3 vol. in-8, br.

209. Les Révolutions de Paris, par Prudhomme. *Paris,* 1790, 130 numéros en 18 vol. in-8 rel. Figures.

210. Histoire des hôtelleries, cabarets, courtilles, etc., par Francisque Michel et Edouard Fournier. *Paris,* 1854, 2 vol. gr. in-8, br.

211. Cuvillier-Fleury. Portraits politiques et études historiques. *Paris, Michel Lévy*, 1854-59, 7 vol. in-12, brochés.

212. Richard II. Rivalité de la France et de l'Angleterre, par Walton. *Paris, Hachette,*, 1864, 2 vol. in-8, br.

213. Mémoires de Frédéric II, roi de Prusse. *Paris. Plon*, 1866, 2 vol. in-8, br.

214. Motley. La Révolution des Pays-Bas au xvi⁰ siècle, trad. de l'anglais. *Bruxelles*, 1861, 4 vol.
in-8. br.

215. Prescott. OEuvres historiques, trad. de l'anglais par Renson. *Paris, Didot*, 1861, 14 vol.
in-8, br.

216. Études germaniques, par Ozanam. *Paris, Le-
coffre*, 1861, 2 vol. in-8, bl.

217. Univers pittoresque (Asie). *Paris, Didot*,
10 vol. in-8, br. fig.

218. Bancroft. Histoire des États-Unis, trad. de
l'anglais. *Paris, Didot*, 1861, 7 vol. in-8, br.

HISTOIRE LITTÉRAIRE. — BIBLIOGRAPHIE.
BIOGRAPHIE.

219. Histoire de la littérature grecque, par Ottfr.
Müller, trad. par K. Hillebrand. *Paris, Aug.
Durand*, 1866, 2 vol. in-8. br.

220. Histoire de la littérature grecque, par Schoell.
Paris, Gide, 1823, 8 vol. in-8, demi-rel.

221. Schoell. Histoire abrégée de la littérature romaine. *Paris, Gide*, 1815, 4 vol. in-8, br.

222. Recueil de rapports sur les progrès des lettres
et des sciences en France. *Paris, Impr. imp.*,
1867-68, 8 part. gr. in-8, br.

223. Littré. Histoire de la langue française. *Didier*,
s. d., 2 vol. in-8, br.

224. Histoire de la littérature française, par D. Nisard. *Paris, Didot*, 1867, 4 vol. in-12, br.

225. Ampère. Histoire littéraire de la France avant
le xii⁰ siècle. *Paris, Hachette*, 1839, 3 vol. in-8,
br.

226. Histoire littéraire de la France au xive siècle,
par Vict. Le Clerc et Ern. Renan, 1865, 2 vol.
gr. in-8, br.

227. Tableau de la poésie française au xvie siècle,
par Sainte-Beuve. *Paris*, 1828, 2 tomes en 1 vol.
in-8, demi-rel. n. rog.

228. Mémoires secrets pour servir à l'histoire de la
république des belles - lettres en France (par
Bachaumont). *Paris*, 1789, 36 vol. in-12, demi-
rel.

229. Correspondance littéraire de Grimm et Diderot. *Paris, Furne*, 1829, 16 vol. in-8, brochés.

230. Demogeot. Tableau de la littérature française
au xviie siècle. *Paris, Hachette*, 1859. — Les Pro-
sateurs français au xvie siècle, par Eug. Réaume.
Paris, Didier, 1869. — Nos Premiers Siècles littéraires, par Potvin. *Bruxelles*, 1870, 2 vol. —
Ensemble 4 vol. in-8, brochés.

231. Vinet. Histoire de la littérature française au
xviiie siècle. *Paris*, 1853, 2 vol. in-8, br. — Poë-
tes du siècle de Louis XIV. *Paris*, 1861, in-8, br.

232. Les Grotesques, par Th. Gautier. *Paris*, 1845,
2 tomes en 1 vol. in-8, demi-rel. n. rog.

233. De Pontmartin. Causeries littéraires. *Paris,
Lévy*, 1857-60. 7 vol. in-18, br.

234. Vapereau. L'Année littéraire et dramatique.
Paris, Hachette, 1860-1869, 11 vol. in-12, br.

235. Langlois. Mélanges de littérature sanscrite,
1827, in-8, demi-rel. — Sadous. Histoire de la
littérature indienne. — Burnouf. Essai sur le
Véda, etc. 4 vol. in-8, br.

236. Nouveau Manuel complet d'archéologie, par
Müller, trad. par P. Nicard. *Paris, Roret*, 1841,
3 vol. in-18, br., et atlas in-4 obl.

237. Becq de Fouquières. Les Jeux des anciens.
Paris, Reinwald, 1869, gr. in-8, br. — Belot. His-

toire des chevaliers romains. *Paris*, 1873, 2 vol. in-8, br.

238. Dictionnaire des Antiquités chrétiennes, par l'abbé Martigny. *Paris, Hachette*, 1865, gr. in-8, br. fig.

339. Dictionnaire historique et critique de Bayle. *Amsterdam*, 1740, 4 vol. in-fol. rel.

240. Vapereau. Dictionnaire universel des contemporains. *Paris, Hachette*, 1861, gr. in-8, cart.

241. Eug. Hatin. Histoire de la presse en France. *Paris, Poulet-Malassis*, 1859, 8 vol. pet. in-8, br.

242. Catalogue des livres composant la Bibliothèque poétique de Viollet-le-Duc. *Paris, Hachette*, 1843, 2 part. en 1 vol. in-8, rel. n. rogn.

JOURNAUX.

243. Le Temps, en feuilles.

244. La Libre Recherche, en livraisons.

245. La Revue de Paris, en livraisons.

246. L'Indépendance belge, en feuilles.

A la fin de la deuxième et dans la troisième vacation, il sera vendu environ 2,000 volumes brochés, ouvrages modernes. Éditions Didot, Lévy, Charpentier, Didier, Hetzel, etc.

FIN.

ORDRE DES VACATIONS.

Première vacation. — *Lundi* 5 *octobre* 1874.

Nᵒˢ 1 à 164.

Deuxième vacation. — *Mardi* 6 *octobre.*

165 à 246.

LIVRES EN LOTS.

Troisième vacation. — *Mercredi* 7 *octobre.*

Suite des livres en lots.

CONDITIONS DE LA VENTE.

La vente se fait au comptant.

Les réclamations devront être faites, au plus tard, dans les vingt-quatre heures qui suivront la vacation. Passé ce délai, les articles adjugés ne seront repris pour aucune cause.

Les acquéreurs payeront 5 p. °/₀ en sus des enchères, applicables aux frais.

Il y aura, le jour de la vente, de DEUX heures à QUATRE, exposition des livres composant la vacation du soir.

Le libraire, chargé de la vente, remplira les commissions des personnes qui ne pourraient y assister.

Paris. — Typographie de Georges Chamerot, rue des Saints-Pères, 19.

www.ingramcontent.com/pod-product-compliance
Ingram Content Group UK Ltd.
Pitfield, Milton Keynes, MK11 3LW, UK
UKHW031717170726
13836UKWH00001B/299